# 우리말 반야심경 사경집

사단법인 통섭불교원

## 1. 사경(寫經)의 공덕

사경을 하면 다음과 같은 공덕을 얻는다.

첫째, 부처님의 가르침을 바르게 이해하게 된다.

둘째, 번뇌와 갈등이 가라앉고 편안한 마음을 얻는다.

셋째, 오랜 병고가 사라지고 심신이 강건해진다.

넷째, 속세의 업장이 소멸되고 마음이 환희심으로 충만 된다.

다섯째, 원하는 바가 이루어지고 한량없는 불보살님의 가피를 지니게 된다.

여섯째, 인욕과 정진의 힘이 굳건해져서 어떤 어려운 일도 원만히 성취하게 된다.

## 2. 사경하는 방법

경을 옮겨 적는 일은, 경전의 글자 하나하나에 정성들여 마음을 쏟아야 하므로 그 마음을 집중하고 순일화 시켜야 한다. 따라서 사경 방법의 근본은 한 자 한 자에 결코 소홀함이 없이 정성과 신명을 다해 쓰는 것이다.

기록에는 사경을 함에 한 글자 쓰고 나서 한 번 절하는 일자일배(一字一拜), 한 글자 쓰고 세 번 절하는 일자삼례(一字三禮), 한 줄 쓰고 세 번 절하는 일행삼례(一行三禮)등의 문구가 보이는데 이렇듯 사경을 함에 있어 글자 한 자 쓸때마다 부처님이나 보살님께 합장하는 간절한 마음으로 임해야 한다.

사경은 다만 경을 쓰고 이해하는 것을 넘어 철저한 신행으로 행해지는 것이며, 자기의 원력과 신앙을 사경의 행위 속에서 키워가는 데 목적이 있다.

진실한 사경은 정진의 힘에서 나온다.

사경은 다음과 같이 한다.

하나, 사경을 하는 곳은 어떤 장소이든 무방하지만, 정면에 불상을 놓던지

혹은 책상위에 향을 피우던지 하여 마음이 안정되고 정성이 담겨질 수 있도록 주위를 신성하고 깨끗한 환경으로 조성한다.

둘, 사경에 임할 때는 그 몸과 마음을 청정히 하여 시작한다.

셋, 필기구는 붓, 묵, 벼루 연습용 종이 등을 준비하되 가능한 한 좋은 것을 쓰고, 그것을 사경 전용으로 사용하는 것이 좋다.

넷, 사경을 할 때 쓰는 태도는 처음과 끝이 한결 같아야 한다.

다섯, 7일, 21일, 49일, 또는 100일과 같이 기한을 정해 쓰는 경우, 이 기간만큼은 하루도 빠짐없이 쓴다.

여섯, 다 쓴 사경은 잘 보관해 둔다. 보관하기가 힘들 때는 일정량을 모아 경건히 불에 태운다. 잘 된 사경은 불상이나 불탑 조성시에 봉안하기도 하고 이웃에 선물 하여도 좋다.

## 3. 사경의식 절차

삼귀의 _ 불법승 삼보에 귀의한다.

개경게 _ 경전을 여는 게송을 봉독한다.

사경발원문 _ 사경자의 이름을 넣어 발원문을 작성하여 읽는다.

참회문 _ 참회문을 봉독하고 참회문을 21회 정도 독송한다.

입정 _ 사경을 시작하기 전, 몸과 마음을 안정시킨다.

사경 _ 사경을 시작한다.

사경 중에는 불경 테잎 등을 틀어 주어도 좋다.

사경문봉독 _ 사경한 경전을 받들고 소리 내어 독송한다.

사경회향문 _ 사경의 공덕으로 자신과 일체중생이 성불하여 불국토 이루기를 발원한다.

사홍서원 _ 네 가지 넓고 큰 서원을 하면서 사경의식을 마친다.

# 사경발원문

모든 중생들이 부처가 될 수 있다고 일깨워주신 부처님의 자비광명에 진심으로 감사드립니다. 미혹하고 어리석은 저희들이 부처님의 삶을 닮고자 매일매일 일어나는 생각들의 흐름들을 되돌아보며 편안하고 행복한 하루가 되도록 애쓰고 노력하고 있습니다.

이제 주위를 깨끗이 하고 몸과 마음을 깨끗이 하고 사경을 하옵니다. 이 사경하는 인연 공덕으로 숙세의 업장이 소멸되고 마음이 환희심으로 충만 되기를 발원하오며, 원하는 모든 일들이 원만하게 이루어지고 한량없는 불보살님의 가피가 있기를 발원합니다. 모든 이웃이 더불어 행복하기를 기원하며 이 공덕이 두루 나누어지기를 진심으로 발원하옵니다.

기도불자                    합장

우리말 반야심경

1. 지혜완성 성취하는 핵심말씀
2. 관자재가 지혜의빛 완성으로 깨달음을 성취하여 선정삼매 들었을 때 존재들의 진실상인 오온공함 비춰보고 괴로움을 벗어났네.
3. 사리자여, 이육신의 본성들은 공하여서 육신과공 하나이며 공과육신 다르지가 않느니라. 수상행식 작용 또한 그러하네.
4. 사리자여, 모든법의 공한모양 생겨남도 없어짐도 더러움도 깨끗함도 늘어남도 줄어듬도 없느니라.
5. 그러므로 공함에는 육신없고 수상행식 작용 또한 없느니라.
6. 눈귀코혀 몸과뜻의 육근없고 형상소리 냄새와맛 감촉과법 육경없고 인식하는 육식 또한 없느니라.
7. 무명없고 무명다함 없느니라. 늙고죽음 없으면서 늙고죽음 다함또한 없느니라.

8. 고집멸도 역시또한 없느니라.
9. 지혜없고 공덕얻음 없느니라. 왜냐하면 얻을바가 원래없기 때문이네.
10. 보살들은 "지혜완성" 의지하여 마음에는 걸림없고, 두려움이 없어지고, 뒤바뀌인 망상들을 여의어서, 마침내는 열반세계 이르르게 되느니라. 과거현재 미래생의 모든부처 "지혜완성" 의지하여 깨달음을 성취했네.
11. "지혜완성" 이르러는 이주문은 신비로운 주문이며, 가장밝은 주문이며, 가장높은 주문이며, 깨달음의 주문이며, 능히모든 괴로움을 없애주고 진실하여 허망하지 않느니라.
12. "지혜완성" 이르러는 이주문을 설하노니
"가테 가테 파라가테 파라상가테 보디 사바하"
"가테 가테 파라가테 파라상가테 보디 사바하"
"가자 함께 진리의 세계로 가자. 그 곳에는 자비광명 뿐이네."

우리말 반야심경

1. 지혜완성 성취하는 핵심말씀
2. 관자재가 지혜의빛 완성으로 깨달음을 성취하여 선정삼매 들었을 때 존재들의 진실상인 오온공함 비춰보고 괴로움을 벗어났네.
3. 사리자여, 이육신의 본성들은 공하여서 육신과공 하나이며 공과육신 다르지가 않느니라. 수상행식 작용 또한 그러하네.
4. 사리자여, 모든법의 공한모양 생겨남도 없어짐도 더러움도 깨끗함도 늘어남도 줄어듬도 없느니라.
5. 그러므로 공함에는 육신없고 수상행식 작용 또한 없느니라.
6. 눈귀코혀 몸과뜻의 육근없고 형상소리 냄새와맛 감촉과법 육경없고 인식하는 육식 또한 없느니라.
7. 무명없고 무명다함 없느니라. 늙고죽음 없으면서 늙고죽음 다함또한 없느니라.

8. 고집멸도 역시또한 없느니라.

9. 지혜없고 공덕얻음 없느니라. 왜냐하면 얻을바가 원래없기 때문이네.

10. 보살들은 "지혜완성" 의지하여 마음에는 걸림없고, 두려움이 없어지고, 뒤바뀌인 망상들을 여의어서, 마침내는 열반세계 이르르게 되느니라. 과거현재 미래생의 모든부처 "지혜완성" 의지하여 깨달음을 성취했네.

11. "지혜완성" 이르르는 이주문은 신비로운 주문이며, 가장밝은 주문이며, 가장높은 주문이며, 깨달음의 주문이며, 능히모든 괴로움을 없애주고 진실하여 허망하지 않느니라.

12. "지혜완성" 이르르는 이주문을 설하노니
"가테 가테 파라가테 파라상가테 보디 사바하"
"가테 가테 파라가테 파라상가테 보디 사바하"
"가자 함께 진리의 세계로 가자. 그 곳에는 자비광명 뿐이네."

우리말 반야심경

1. 지혜완성 성취하는 핵심말씀
2. 관자재가 지혜의빛 완성으로 깨달음을 성취하여 선정삼매 들었을 때 존재들의 진실상인 오온공함 비춰보고 괴로움을 벗어났네.
3. 사리자여, 이육신의 본성들은 공하여서 육신과공 하나이며 공과육신 다르지가 않느니라. 수상행식 작용 또한 그러하네.
4. 사리자여, 모든법의 공한모양 생겨남도 없어짐도 더러움도 깨끗함도 늘어남도 줄어듬도 없느니라.
5. 그러므로 공함에는 육신없고 수상행식 작용 또한 없느니라.
6. 눈귀코혀 몸과뜻의 육근없고 형상소리 냄새와맛 감촉과법 육경없고 인식하는 육식 또한 없느니라.
7. 무명없고 무명다함 없느니라. 늙고죽음 없으면서 늙고죽음 다함또한 없느니라.

8. 고집멸도 역시또한 없느니라.
9. 지혜없고 공덕얻음 없느니라. 왜냐하면 얻을바가 원래없기 때문이네.
10. 보살들은 "지혜완성" 의지하여 마음에는 걸림없고, 두려움이 없어지고, 뒤바뀌인 망상들을 여의어서, 마침내는 열반세계 이르르게 되느니라. 과거현재 미래생의 모든부처 "지혜완성" 의지하여 깨달음을 성취했네.
11. "지혜완성" 이르러는 이주문은 신비로운 주문이며, 가장밝은 주문이며, 가장높은 주문이며, 깨달음의 주문이며, 능히모든 괴로움을 없애주고 진실하여 허망하지 않느니라.
12. "지혜완성" 이르러는 이주문을 설하노니
"가테 가테 파라가테 파라상가테 보디 사바하"
"가테 가테 파라가테 파라상가테 보디 사바하"
"가자 함께 진리의 세계로 가자. 그 곳에는 자비광명 뿐이네."

우리말 반야심경

1. 지혜완성 성취하는 핵심말씀
2. 관자재가 지혜의빛 완성으로 깨달음을 성취하여 선정삼매 들었을 때 존재들의 진실상인 오온공함 비춰보고 괴로움을 벗어났네.
3. 사리자여, 이육신의 본성들은 공하여서 육신과공 하나이며 공과육신 다르지가 않느니라. 수상행식 작용 또한 그러하네.
4. 사리자여, 모든법의 공한모양 생겨남도 없어짐도 더러움도 깨끗함도 늘어남도 줄어듬도 없느니라.
5. 그러므로 공함에는 육신없고 수상행식 작용 또한 없느니라.
6. 눈귀코혀 몸과뜻의 육근없고 형상소리 냄새와맛 감촉과법 육경없고 인식하는 육식 또한 없느니라.
7. 무명없고 무명다함 없느니라. 늙고죽음 없으면서 늙고죽음 다함또한 없느니라.

8. 고집멸도 역시또한 없느니라.

9. 지혜없고 공덕얻음 없느니라. 왜냐하면 얻을바가 원래없기 때문이네.

10. 보살들은 "지혜완성" 의지하여 마음에는 걸림없고, 두려움이 없어지고, 뒤바뀌인 망상들을 여의어서, 마침내는 열반세계 이르르게 되느니라. 과거현재 미래생의 모든부처 "지혜완성" 의지하여 깨달음을 성취했네.

11. "지혜완성" 이르러는 이주문은 신비로운 주문이며, 가장밝은 주문이며, 가장높은 주문이며, 깨달음의 주문이며, 능히모든 괴로움을 없애주고 진실하여 허망하지 않느니라.

12. "지혜완성" 이르러는 이주문을 설하노니
"가테 가테 파라가테 파라상가테 보디 사바하"
"가테 가테 파라가테 파라상가테 보디 사바하"
"가자 함께 진리의 세계로 가자. 그 곳에는 자비광명 뿐이네."

우리말 반야심경

1. 지혜완성 성취하는 핵심말씀
2. 관자재가 지혜의빛 완성으로 깨달음을 성취하여 선정삼매 들었을 때 존재들의 진실상인 오온공함 비춰보고 괴로움을 벗어났네.
3. 사리자여, 이육신의 본성들은 공하여서 육신과공 하나이며 공과육신 다르지가 않느니라. 수상행식 작용 또한 그러하네.
4. 사리자여, 모든법의 공한모양 생겨남도 없어짐도 더러움도 깨끗함도 늘어남도 줄어듬도 없느니라.
5. 그러므로 공함에는 육신없고 수상행식 작용 또한 없느니라.
6. 눈귀코혀 몸과뜻의 육근없고 형상소리 냄새와맛 감촉과법 육경없고 인식하는 육식 또한 없느니라.
7. 무명없고 무명다함 없느니라. 늙고죽음 없으면서 늙고죽음 다함또한 없느니라.

8. 고집멸도 역시또한 없느니라.
9. 지혜없고 공덕얻음 없느니라. 왜냐하면 얻을바가 원래없기 때문이네.
10. 보살들은 "지혜완성" 의지하여 마음에는 걸림없고, 두려움이 없어지고, 뒤바꾸인 망상들을 여의어서, 마침내는 열반세계 이르르게 되느니라. 과거현재 미래생의 모든부처 "지혜완성" 의지하여 깨달음을 성취했네.
11. "지혜완성" 이르르는 이주문은 신비로운 주문이며, 가장밝은 주문이며, 가장높은 주문이며, 깨달음의 주문이며, 능히모든 괴로움을 없애주고 진실하여 허망하지 않느니라.
12. "지혜완성" 이르르는 이주문을 설하노니
"가테 가테 파라가테 파라상가테 보디 사바하"
"가테 가테 파라가테 파라상가테 보디 사바하"
"가자 함께 진리의 세계로 가자. 그 곳에는 자비광명 뿐이네."

우리말 반야심경

1. 지혜완성 성취하는 핵심말씀
2. 관자재가 지혜의빛 완성으로 깨달음을 성취하여 선정삼매 들었을 때 존재들의 진실상인 오온공함 비춰보고 괴로움을 벗어났네.
3. 사리자여, 이육신의 본성들은 공하여서 육신과공 하나이며 공과육신 다르지가 않느니라. 수상행식 작용 또한 그러하네.
4. 사리자여, 모든법의 공한모양 생겨남도 없어짐도 더러움도 깨끗함도 늘어남도 줄어듬도 없느니라.
5. 그러므로 공함에는 육신없고 수상행식 작용 또한 없느니라.
6. 눈귀코혀 몸과뜻의 육근없고 형상소리 냄새와맛 감촉과법 육경없고 인식하는 육식 또한 없느니라.
7. 무명없고 무명다함 없느니라. 늙고죽음 없으면서 늙고죽음 다함또한 없느니라.

8. 고집멸도 역시또한 없느니라.

9. 지혜없고 공덕얻음 없느니라. 왜냐하면 얻을바가 원래없기 때문이네.

10. 보살들은 "지혜완성" 의지하여 마음에는 걸림없고, 두려움이 없어지고, 뒤바꿔인 망상들을 여의어서, 마침내는 열반세계 이르르게 되느니라. 과거현재 미래생의 모든부처 "지혜완성" 의지하여 깨달음을 성취했네.

11. "지혜완성" 이르러는 이주문은 신비로운 주문이며, 가장밝은 주문이며, 가장높은 주문이며, 깨달음의 주문이며, 능히모든 괴로움을 없애주고 진실하여 허망하지 않느니라.

12. "지혜완성" 이르러는 이주문을 설하노니
"가테 가테 파라가테 파라상가테 보디 사바하"
"가테 가테 파라가테 파라상가테 보디 사바하"
"가자 함께 진리의 세계로 가자. 그 곳에는 자비광명 뿐이네."

우리말 반야심경

1. 지혜완성 성취하는 핵심말씀
2. 관자재가 지혜의빛 완성으로 깨달음을 성취하여 선정삼매 들었을 때 존재들의 진실상인 오온공함 비춰보고 괴로움을 벗어났네.
3. 사리자여, 이육신의 본성들은 공하여서 육신과공 하나이며 공과육신 다르지가 않느니라. 수상행식 작용 또한 그러하네.
4. 사리자여, 모든법의 공한모양 생겨남도 없어짐도 더러움도 깨끗함도 늘어남도 줄어듬도 없느니라.
5. 그러므로 공함에는 육신없고 수상행식 작용 또한 없느니라.
6. 눈귀코혀 몸과뜻의 육근없고 형상소리 냄새와맛 감촉과법 육경없고 인식하는 육식 또한 없느니라.
7. 무명없고 무명다함 없느니라. 늙고죽음 없으면서 늙고죽음 다함또한 없느니라.

8. 고집멸도 역시또한 없느니라.
9. 지혜없고 공덕얻음 없느니라. 왜냐하면 얻을바가 원래없기 때문이네.
10. 보살들은 "지혜완성" 의지하여 마음에는 걸림없고, 두려움이 없어지고, 뒤바뀌인 망상들을 여의어서, 마침내는 열반세계 이르르게 되느니라. 과거현재 미래생의 모든부처 "지혜완성" 의지하여 깨달음을 성취했네.
11. "지혜완성" 이르러는 이주문은 신비로운 주문이며, 가장밝은 주문이며, 가장높은 주문이며, 깨달음의 주문이며, 능히모든 괴로움을 없애주고 진실하여 허망하지 않느니라.
12. "지혜완성" 이르러는 이주문을 설하노니
"가테 가테 파라가테 파라상가테 보디 사바하"
"가테 가테 파라가테 파라상가테 보디 사바하"
"가자 함께 진리의 세계로 가자. 그 곳에는 자비광명 뿐이네."

우리말 반야심경

1. 지혜완성 성취하는 핵심말씀
2. 관자재가 지혜의빛 완성으로 깨달음을 성취하여 선정삼매 들었을 때 존재들의 진실상인 오온공함 비춰보고 괴로움을 벗어났네.
3. 사리자여, 이육신의 본성들은 공하여서 육신과공 하나이며 공과육신 다르지가 않느니라. 수상행식 작용 또한 그러하네.
4. 사리자여, 모든법의 공한모양 생겨남도 없어짐도 더러움도 깨끗함도 늘어남도 줄어듬도 없느니라.
5. 그러므로 공함에는 육신없고 수상행식 작용 또한 없느니라.
6. 눈귀코혀 몸과뜻의 육근없고 형상소리 냄새와맛 감촉과법 육경없고 인식하는 육식 또한 없느니라.
7. 무명없고 무명다함 없느니라. 늙고죽음 없으면서 늙고죽음 다함또한 없느니라.

8. 고집멸도 역시또한 없느니라.

9. 지혜없고 공덕얻음 없느니라. 왜냐하면 얻을바가 원래없기 때문이네.

10. 보살들은 "지혜완성" 의지하여 마음에는 걸림없고, 두려움이 없어지고, 뒤바뀌인 망상들을 여의어서, 마침내는 열반세계 이르르게 되느니라. 과거현재 미래생의 모든부처 "지혜완성" 의지하여 깨달음을 성취했네.

11. "지혜완성" 이르러는 이주문은 신비로운 주문이며, 가장밝은 주문이며, 가장높은 주문이며, 깨달음의 주문이며, 능히모든 괴로움을 없애주고 진실하여 허망하지 않느니라.

12. "지혜완성" 이르러는 이주문을 설하노니
"가테 가테 파라가테 파라상가테 보디 사바하"
"가테 가테 파라가테 파라상가테 보디 사바하"
"가자 함께 진리의 세계로 가자. 그 곳에는 자비광명 뿐이네."

우리말 반야심경

1. 지혜완성 성취하는 핵심말씀
2. 관자재가 지혜의빛 완성으로 깨달음을 성취하여 선정삼매 들었을 때 존재들의 진실상인 오온공함 비춰보고 괴로움을 벗어났네.
3. 사리자여, 이육신의 본성들은 공하여서 육신과공 하나이며 공과육신 다르지가 않느니라. 수상행식 작용 또한 그러하네.
4. 사리자여, 모든법의 공한모양 생겨남도 없어짐도 더러움도 깨끗함도 늘어남도 줄어듬도 없느니라.
5. 그러므로 공함에는 육신없고 수상행식 작용 또한 없느니라.
6. 눈귀코혀 몸과뜻의 육근없고 형상소리 냄새와맛 감촉과법 육경없고 인식하는 육식 또한 없느니라.
7. 무명없고 무명다함 없느니라. 늙고죽음 없으면서 늙고죽음 다함또한 없느니라.

8. 고집멸도 역시또한 없느니라.

9. 지혜없고 공덕얻음 없느니라. 왜냐하면 얻을바가 원래없기 때문이네.

10. 보살들은 "지혜완성" 의지하여 마음에는 걸림없고, 두려움이 없어지고, 뒤바뀌인 망상들을 여의어서, 마침내는 열반세계 이르르게 되느니라. 과거현재 미래생의 모든부처 "지혜완성" 의지하여 깨달음을 성취했네.

11. "지혜완성" 이르러는 이주문은 신비로운 주문이며, 가장밝은 주문이며, 가장높은 주문이며, 깨달음의 주문이며, 능히모든 괴로움을 없애주고 진실하여 허망하지 않느니라.

12. "지혜완성" 이르러는 이주문을 설하노니
"가테 가테 파라가테 파라상가테 보디 사바하"
"가테 가테 파라가테 파라상가테 보디 사바하"
"가자 함께 진리의 세계로 가자. 그 곳에는 자비광명 뿐이네."

우리말 반야심경

1. 지혜완성 성취하는 핵심말씀
2. 관자재가 지혜의빛 완성으로 깨달음을 성취하여 선정삼매 들었을 때 존재들의 진실상인 오온공함 비춰보고 괴로움을 벗어났네.
3. 사리자여, 이육신의 본성들은 공하여서 육신과공 하나이며 공과육신 다르지가 않느니라. 수상행식 작용 또한 그러하네.
4. 사리자여, 모든법의 공한모양 생겨남도 없어짐도 더러움도 깨끗함도 늘어남도 줄어듬도 없느니라.
5. 그러므로 공함에는 육신없고 수상행식 작용 또한 없느니라.
6. 눈귀코혀 몸과뜻의 육근없고 형상소리 냄새와맛 감촉과법 육경없고 인식하는 육식 또한 없느니라.
7. 무명없고 무명다함 없느니라. 늙고죽음 없으면서 늙고죽음 다함또한 없느니라.

8. 고집멸도 역시또한 없느니라.
9. 지혜없고 공덕얻음 없느니라. 왜냐하면 얻을바가 원래없기 때문이네.
10. 보살들은 "지혜완성" 의지하여 마음에는 걸림없고, 두려움이 없어지고, 뒤바뀌인 망상들을 여의어서, 마침내는 열반세계 이르르게 되느니라. 과거현재 미래생의 모든부처 "지혜완성" 의지하여 깨달음을 성취했네.
11. "지혜완성" 이르러는 이주문은 신비로운 주문이며, 가장밝은 주문이며, 가장높은 주문이며, 깨달음의 주문이며, 능히모든 괴로움을 없애주고 진실하여 허망하지 않느니라.
12. "지혜완성" 이르러는 이주문을 설하노니
"가테 가테 파라가테 파라상가테 보디 사바하"
"가테 가테 파라가테 파라상가테 보디 사바하"
"가자 함께 진리의 세계로 가자. 그 곳에는 자비광명 뿐이네."

우리말 반야심경

1. 지혜완성 성취하는 핵심말씀
2. 관자재가 지혜의빛 완성으로 깨달음을 성취하여 선정삼매 들었을 때 존재들의 진실상인 오온공함 비춰보고 괴로움을 벗어났네.
3. 사리자여, 이육신의 본성들은 공하여서 육신과공 하나이며 공과육신 다르지가 않느니라. 수상행식 작용 또한 그러하네.
4. 사리자여, 모든법의 공한모양 생겨남도 없어짐도 더러움도 깨끗함도 늘어남도 줄어듬도 없느니라.
5. 그러므로 공함에는 육신없고 수상행식 작용 또한 없느니라.
6. 눈귀코혀 몸과뜻의 육근없고 형상소리 냄새와맛 감촉과법 육경없고 인식하는 육식 또한 없느니라.
7. 무명없고 무명다함 없느니라. 늙고죽음 없으면서 늙고죽음 다함또한 없느니라.

8. 고집멸도 역시또한 없느니라.

9. 지혜없고 공덕얻음 없느니라. 왜냐하면 얻을바가 원래없기 때문이네.

10. 보살들은 "지혜완성" 의지하여 마음에는 걸림없고, 두려움이 없어지고, 뒤바꾸인 망상들을 여의어서, 마침내는 열반세계 이르르게 되느니라. 과거현재 미래생의 모든부처 "지혜완성" 의지하여 깨달음을 성취했네.

11. "지혜완성" 이르러는 이주문은 신비로운 주문이며, 가장밝은 주문이며, 가장높은 주문이며, 깨달음의 주문이며, 능히모든 괴로움을 없애주고 진실하여 허망하지 않느니라.

12. "지혜완성" 이르러는 이주문을 설하노니
"가테 가테 파라가테 파라상가테 보디 사바하"
"가테 가테 파라가테 파라상가테 보디 사바하"
"가자 함께 진리의 세계로 가자. 그 곳에는 자비광명 뿐이네."

우리말 반야심경

1. 지혜완성 성취하는 핵심말씀
2. 관자재가 지혜의빛 완성으로 깨달음을 성취하여 선정삼매 들었을 때 존재들의 진실상인 오온공함 비춰보고 괴로움을 벗어났네.
3. 사리자여, 이육신의 본성들은 공하여서 육신과공 하나이며 공과육신 다르지가 않느니라. 수상행식 작용 또한 그러하네.
4. 사리자여, 모든법의 공한모양 생겨남도 없어짐도 더러움도 깨끗함도 늘어남도 줄어듦도 없느니라.
5. 그러므로 공함에는 육신없고 수상행식 작용 또한 없느니라.
6. 눈귀코혀 몸과뜻의 육근없고 형상소리 냄새와맛 감촉과법 육경없고 인식하는 육식 또한 없느니라.
7. 무명없고 무명다함 없느니라. 늙고죽음 없으면서 늙고죽음 다함또한 없느니라.

8. 고집멸도 역시또한 없느니라.
9. 지혜없고 공덕얻음 없느니라. 왜냐하면 얻을바가 원래없기 때문이네.
10. 보살들은 "지혜완성" 의지하여 마음에는 걸림없고, 두려움이 없어지고, 뒤바뀌인 망상들을 여의어서, 마침내는 열반세계 이르르게 되느니라. 과거현재 미래생의 모든부처 "지혜완성" 의지하여 깨달음을 성취했네.
11. "지혜완성" 이르러는 이주문은 신비로운 주문이며, 가장밝은 주문이며, 가장높은 주문이며, 깨달음의 주문이며, 능히모든 괴로움을 없애주고 진실하여 허망하지 않느니라.
12. "지혜완성" 이르러는 이주문을 설하노니
"가테 가테 파라가테 파라상가테 보디 사바하"
"가테 가테 파라가테 파라상가테 보디 사바하"
"가자 함께 진리의 세계로 가자. 그 곳에는 자비광명 뿐이네."

우리말 반야심경

1. 지혜완성 성취하는 핵심말씀
2. 관자재가 지혜의빛 완성으로 깨달음을 성취하여 선정삼매 들었을 때 존재들의 진실상인 오온공함 비춰보고 괴로움을 벗어났네.
3. 사리자여, 이육신의 본성들은 공하여서 육신과공 하나이며 공과육신 다르지가 않느니라. 수상행식 작용 또한 그러하네.
4. 사리자여, 모든법의 공한모양 생겨남도 없어짐도 더러움도 깨끗함도 늘어남도 줄어듬도 없느니라.
5. 그러므로 공함에는 육신없고 수상행식 작용 또한 없느니라.
6. 눈귀코혀 몸과뜻의 육근없고 형상소리 냄새와맛 감촉과법 육경없고 인식하는 육식 또한 없느니라.
7. 무명없고 무명다함 없느니라. 늙고죽음 없으면서 늙고죽음 다함또한 없느니라.

8. 고집멸도 역시또한 없느니라.
9. 지혜없고 공덕얻음 없느니라. 왜냐하면 얻을바가 원래없기 때문이네.
10. 보살들은 "지혜완성" 의지하여 마음에는 걸림없고, 두려움이 없어지고, 뒤바꿔인 망상들을 여의어서, 마침내는 열반세계 이르르게 되느니라. 과거현재 미래생의 모든부처 "지혜완성" 의지하여 깨달음을 성취했네.
11. "지혜완성" 이르러는 이주문은 신비로운 주문이며, 가장밝은 주문이며, 가장높은 주문이며, 깨달음의 주문이며, 능히모든 괴로움을 없애주고 진실하여 허망하지 않느니라.
12. "지혜완성" 이르러는 이주문을 설하노니
"가테 가테 파라가테 파라상가테 보디 사바하"
"가테 가테 파라가테 파라상가테 보디 사바하"
"가자 함께 진리의 세계로 가자. 그 곳에는 자비광명 뿐이네."

우리말 반야심경

1. 지혜완성 성취하는 핵심말씀
2. 관자재가 지혜의빛 완성으로 깨달음을 성취하여 선정삼매 들었을 때 존재들의 진실상인 오온공함 비춰보고 괴로움을 벗어났네.
3. 사리자여, 이육신의 본성들은 공하여서 육신과공 하나이며 공과육신 다르지가 않느니라. 수상행식 작용 또한 그러하네.
4. 사리자여, 모든법의 공한모양 생겨남도 없어짐도 더러움도 깨끗함도 늘어남도 줄어듬도 없느니라.
5. 그러므로 공함에는 육신없고 수상행식 작용 또한 없느니라.
6. 눈귀코혀 몸과뜻의 육근없고 형상소리 냄새와맛 감촉과법 육경없고 인식하는 육식 또한 없느니라.
7. 무명없고 무명다함 없느니라. 늙고죽음 없으면서 늙고죽음 다함또한 없느니라.

8. 고집멸도 역시또한 없느니라.
9. 지혜없고 공덕얻음 없느니라. 왜냐하면 얻을바가 원래없기 때문이네.
10. 보살들은 "지혜완성" 의지하여 마음에는 걸림없고, 두려움이 없어지고, 뒤바뀌인 망상들을 여의어서, 마침내는 열반세계 이르르게 되느니라. 과거현재 미래생의 모든부처 "지혜완성" 의지하여 깨달음을 성취했네.
11. "지혜완성" 이르러는 이주문은 신비로운 주문이며, 가장밝은 주문이며, 가장높은 주문이며, 깨달음의 주문이며, 능히모든 괴로움을 없애주고 진실하여 허망하지 않느니라.
12. "지혜완성" 이르러는 이주문을 설하노니
"가테 가테 파라가테 파라상가테 보디 사바하"
"가테 가테 파라가테 파라상가테 보디 사바하"
"가자 함께 진리의 세계로 가자. 그 곳에는 자비광명 뿐이네."

우리말 반야심경

1. 지혜완성 성취하는 핵심말씀
2. 관자재가 지혜의빛 완성으로 깨달음을 성취하여 선정삼매 들었을때 존재들의 진실상인 오온공함 비춰보고 괴로움을 벗어났네.
3. 사리자여, 이육신의 본성들은 공하여서 육신과공 하나이며 공과육신 다르지가 않느니라. 수상행식 작용 또한 그러하네.
4. 사리자여, 모든법의 공한모양 생겨남도 없어짐도 더러움도 깨끗함도 늘어남도 줄어듬도 없느니라.
5. 그러므로 공함에는 육신없고 수상행식 작용 또한 없느니라.
6. 눈귀코혀 몸과뜻의 육근없고 형상소리 냄새와맛 감촉과법 육경없고 인식하는 육식 또한 없느니라.
7. 무명없고 무명다함 없느니라. 늙고죽음 없으면서 늙고죽음 다함또한 없느니라.

8. 고집멸도 역시또한 없느니라.
9. 지혜없고 공덕얻음 없느니라. 왜냐하면 얻을바가 원래없기 때문이네.
10. 보살들은 "지혜완성" 의지하여 마음에는 걸림없고, 두려움이 없어지고, 뒤바뀌인 망상들을 여의어서, 마침내는 열반세계 이르르게 되느니라. 과거현재 미래생의 모든부처 "지혜완성" 의지하여 깨달음을 성취했네.
11. "지혜완성" 이르러는 이주문은 신비로운 주문이며, 가장밝은 주문이며, 가장높은 주문이며, 깨달음의 주문이며, 능히모든 괴로움을 없애주고 진실하여 허망하지 않느니라.
12. "지혜완성" 이르러는 이주문을 설하노니
"가테 가테 파라가테 파라상가테 보디 사바하"
"가테 가테 파라가테 파라상가테 보디 사바하"
"가자 함께 진리의 세계로 가자. 그 곳에는 자비광명 뿐이네."

우리말 반야심경

1. 지혜완성 성취하는 핵심말씀
2. 관자재가 지혜의빛 완성으로 깨달음을 성취하여 선정삼매 들었을 때 존재들의 진실상인 오온공함 비춰보고 괴로움을 벗어났네.
3. 사리자여, 이육신의 본성들은 공하여서 육신과공 하나이며 공과육신 다르지가 않느니라. 수상행식 작용 또한 그러하네.
4. 사리자여, 모든법의 공한모양 생겨남도 없어짐도 더러움도 깨끗함도 늘어남도 줄어듬도 없느니라.
5. 그러므로 공함에는 육신없고 수상행식 작용 또한 없느니라.
6. 눈귀코혀 몸과뜻의 육근없고 형상소리 냄새와맛 감촉과법 육경없고 인식하는 육식 또한 없느니라.
7. 무명없고 무명다함 없느니라. 늙고죽음 없으면서 늙고죽음 다함또한 없느니라.

8. 고집멸도 역시또한 없느니라.
9. 지혜없고 공덕얻음 없느니라. 왜냐하면 얻을바가 원래없기 때문이네.
10. 보살들은 "지혜완성" 의지하여 마음에는 걸림없고, 두려움이 없어지고, 뒤바뀌인 망상들을 여의어서, 마침내는 열반세계 이르게 되느니라. 과거현재 미래생의 모든부처 "지혜완성" 의지하여 깨달음을 성취했네.
11. "지혜완성" 이르러는 이주문은 신비로운 주문이며, 가장밝은 주문이며, 가장높은 주문이며, 깨달음의 주문이며, 능히모든 괴로움을 없애주고 진실하여 허망하지 않느니라.
12. "지혜완성" 이르러는 이주문을 설하노니
"가테 가테 파라가테 파라상가테 보디 사바하"
"가테 가테 파라가테 파라상가테 보디 사바하"
"가자 함께 진리의 세계로 가자. 그 곳에는 자비광명 뿐이네."

우리말 반야심경

1. 지혜완성 성취하는 핵심말씀
2. 관자재가 지혜의빛 완성으로 깨달음을 성취하여 선정삼매 들었을 때 존재들의 진실상인 오온공함 비춰보고 괴로움을 벗어났네.
3. 사리자여, 이육신의 본성들은 공하여서 육신과공 하나이며 공과육신 다르지가 않느니라. 수상행식 작용 또한 그러하네.
4. 사리자여, 모든법의 공한모양 생겨남도 없어짐도 더러움도 깨끗함도 늘어남도 줄어듬도 없느니라.
5. 그러므로 공함에는 육신없고 수상행식 작용 또한 없느니라.
6. 눈귀코혀 몸과뜻의 육근없고 형상소리 냄새와맛 감촉과법 육경없고 인식하는 육식 또한 없느니라.
7. 무명없고 무명다함 없느니라. 늙고죽음 없으면서 늙고죽음 다함또한 없느니라.

8. 고집멸도 역시또한 없느니라.
9. 지혜없고 공덕얻음 없느니라. 왜냐하면 얻을바가 원래없기 때문이네.
10. 보살들은 "지혜완성" 의지하여 마음에는 걸림없고, 두려움이 없어지고, 뒤바뀌인 망상들을 여의어서, 마침내는 열반세계 이르르게 되느니라. 과거현재 미래생의 모든부처 "지혜완성" 의지하여 깨달음을 성취했네.
11. "지혜완성" 이르러는 이주문은 신비로운 주문이며, 가장밝은 주문이며, 가장높은 주문이며, 깨달음의 주문이며, 능히모든 괴로움을 없애주고 진실하여 허망하지 않느니라.
12. "지혜완성" 이르러는 이주문을 설하노니
"가테 가테 파라가테 파라상가테 보디 사바하"
"가테 가테 파라가테 파라상가테 보디 사바하"
"가자 함께 진리의 세계로 가자. 그 곳에는 자비광명 뿐이네."

우리말 반야심경

1. 지혜완성 성취하는 핵심말씀
2. 관자재가 지혜의빛 완성으로 깨달음을 성취하여 선정삼매 들었을 때 존재들의 진실상인 오온공함 비춰보고 괴로움을 벗어났네.
3. 사리자여, 이육신의 본성들은 공하여서 육신과공 하나이며 공과육신 다르지가 않느니라. 수상행식 작용 또한 그러하네.
4. 사리자여, 모든법의 공한모양 생겨남도 없어짐도 더러움도 깨끗함도 늘어남도 줄어듬도 없느니라.
5. 그러므로 공함에는 육신없고 수상행식 작용 또한 없느니라.
6. 눈귀코혀 몸과뜻의 육근없고 형상소리 냄새와맛 감촉과법 육경없고 인식하는 육식 또한 없느니라.
7. 무명없고 무명다함 없느니라. 늙고죽음 없으면서 늙고죽음 다함또한 없느니라.

8. 고집멸도 역시또한 없느니라.
9. 지혜없고 공덕얻음 없느니라. 왜냐하면 얻을바가 원래없기 때문이네.
10. 보살들은 "지혜완성" 의지하여 마음에는 걸림없고, 두려움이 없어지고, 뒤바뀌인 망상들을 여의어서, 마침내는 열반세계 이르르게 되느니라. 과거현재 미래생의 모든부처 "지혜완성" 의지하여 깨달음을 성취했네.
11. "지혜완성" 이르러는 이주문은 신비로운 주문이며, 가장밝은 주문이며, 가장높은 주문이며, 깨달음의 주문이며, 능히모든 괴로움을 없애주고 진실하여 허망하지 않느니라.
12. "지혜완성" 이르러는 이주문을 설하노니
"가테 가테 파라가테 파라상가테 보디 사바하"
"가테 가테 파라가테 파라상가테 보디 사바하"
"가자 함께 진리의 세계로 가자. 그 곳에는 자비광명 뿐이네."

우리말 반야심경

1. 지혜완성 성취하는 핵심말씀
2. 관자재가 지혜의빛 완성으로 깨달음을 성취하여 선정삼매 들었을 때 존재들의 진실상인 오온공함 비춰보고 괴로움을 벗어났네.
3. 사리자여, 이육신의 본성들은 공하여서 육신과공 하나이며 공과육신 다르지가 않느니라. 수상행식 작용 또한 그러하네.
4. 사리자여, 모든법의 공한모양 생겨남도 없어짐도 더러움도 깨끗함도 늘어남도 줄어듬도 없느니라.
5. 그러므로 공함에는 육신없고 수상행식 작용 또한 없느니라.
6. 눈귀코혀 몸과뜻의 육근없고 형상소리 냄새와맛 감촉과법 육경없고 인식하는 육식 또한 없느니라.
7. 무명없고 무명다함 없느니라. 늙고죽음 없으면서 늙고죽음 다함또한 없느니라.

8. 고집멸도 역시또한 없느니라.
9. 지혜없고 공덕얻음 없느니라. 왜냐하면 얻을바가 원래없기 때문이네.
10. 보살들은 "지혜완성" 의지하여 마음에는 걸림없고, 두려움이 없어지고, 뒤바뀌인 망상들을 여의어서, 마침내는 열반세계 이르게 되느니라. 과거현재 미래생의 모든부처 "지혜완성" 의지하여 깨달음을 성취했네.
11. "지혜완성" 이르러는 이주문은 신비로운 주문이며, 가장밝은 주문이며, 가장높은 주문이며, 깨달음의 주문이며, 능히모든 괴로움을 없애주고 진실하여 허망하지 않느니라.
12. "지혜완성" 이르러는 이주문을 설하노니
"가테 가테 파라가테 파라상가테 보디 사바하"
"가테 가테 파라가테 파라상가테 보디 사바하"
"가자 함께 진리의 세계로 가자. 그 곳에는 자비광명 뿐이네."

우리말 반야심경

1. 지혜완성 성취하는 핵심말씀
2. 관자재가 지혜의빛 완성으로 깨달음을 성취하여 선정삼매 들었을 때 존재들의 진실상인 오온공함 비춰보고 괴로움을 벗어났네.
3. 사리자여, 이육신의 본성들은 공하여서 육신과공 하나이며 공과육신 다르지가 않느니라. 수상행식 작용 또한 그러하네.
4. 사리자여, 모든법의 공한모양 생겨남도 없어짐도 더러움도 깨끗함도 늘어남도 줄어듬도 없느니라.
5. 그러므로 공함에는 육신없고 수상행식 작용 또한 없느니라.
6. 눈귀코혀 몸과뜻의 육근없고 형상소리 냄새와맛 감촉과법 육경없고 인식하는 육식 또한 없느니라.
7. 무명없고 무명다함 없느니라. 늙고죽음 없으면서 늙고죽음 다함또한 없느니라.

8. 고집멸도 역시또한 없느니라.
9. 지혜없고 공덕얻음 없느니라. 왜냐하면 얻을바가 원래없기 때문이네.
10. 보살들은 "지혜완성" 의지하여 마음에는 걸림없고, 두려움이 없어지고, 뒤바뀌인 망상들을 여의어서, 마침내는 열반세계 이르르게 되느니라. 과거현재 미래생의 모든부처 "지혜완성" 의지하여 깨달음을 성취했네.
11. "지혜완성" 이르러는 이주문은 신비로운 주문이며, 가장밝은 주문이며, 가장높은 주문이며, 깨달음의 주문이며, 능히모든 괴로움을 없애주고 진실하여 허망하지 않느니라.
12. "지혜완성" 이르러는 이주문을 설하노니
"가테 가테 파라가테 파라상가테 보디 사바하"
"가테 가테 파라가테 파라상가테 보디 사바하"
"가자 함께 진리의 세계로 가자. 그 곳에는 자비광명 뿐이네."

우리말 반야심경

1. 지혜완성 성취하는 핵심말씀
2. 관자재가 지혜의빛 완성으로 깨달음을 성취하여 선정삼매 들었을 때 존재들의 진실상인 오온공함 비춰보고 괴로움을 벗어났네.
3. 사리자여, 이육신의 본성들은 공하여서 육신과공 하나이며 공과육신 다르지가 않느니라. 수상행식 작용 또한 그러하네.
4. 사리자여, 모든법의 공한모양 생겨남도 없어짐도 더러움도 깨끗함도 늘어남도 줄어듬도 없느니라.
5. 그러므로 공함에는 육신없고 수상행식 작용 또한 없느니라.
6. 눈귀코혀 몸과뜻의 육근없고 형상소리 냄새와맛 감촉과법 육경없고 인식하는 육식 또한 없느니라.
7. 무명없고 무명다함 없느니라. 늙고죽음 없으면서 늙고죽음 다함또한 없느니라.

8. 고집멸도 역시또한 없느니라.
9. 지혜없고 공덕얻음 없느니라. 왜냐하면 얻을바가 원래없기 때문이네.
10. 보살들은 "지혜완성" 의지하여 마음에는 걸림없고, 두려움이 없어지고, 뒤바뀌인 망상들을 여의어서, 마침내는 열반세계 이르게 되느니라. 과거현재 미래생의 모든부처 "지혜완성" 의지하여 깨달음을 성취했네.
11. "지혜완성" 이르러는 이주문은 신비로운 주문이며, 가장밝은 주문이며, 가장높은 주문이며, 깨달음의 주문이며, 능히모든 괴로움을 없애주고 진실하여 허망하지 않느니라.
12. "지혜완성" 이르러는 이주문을 설하노니
"가테 가테 파라가테 파라상가테 보디 사바하"
"가테 가테 파라가테 파라상가테 보디 사바하"
"가자 함께 진리의 세계로 가자. 그 곳에는 자비광명 뿐이네."

우리말 반야심경

1. 지혜완성 성취하는 핵심말씀
2. 관자재가 지혜의빛 완성으로 깨달음을 성취하여 선정삼매 들었을 때 존재들의 진실상인 오온공함 비춰보고 괴로움을 벗어났네.
3. 사리자여, 이육신의 본성들은 공하여서 육신과공 하나이며 공과육신 다르지가 않느니라. 수상행식 작용 또한 그러하네.
4. 사리자여, 모든법의 공한모양 생겨남도 없어짐도 더러움도 깨끗함도 늘어남도 줄어듬도 없느니라.
5. 그러므로 공함에는 육신없고 수상행식 작용 또한 없느니라.
6. 눈귀코혀 몸과뜻의 육근없고 형상소리 냄새와맛 감촉과법 육경없고 인식하는 육식 또한 없느니라.
7. 무명없고 무명다함 없느니라. 늙고죽음 없으면서 늙고죽음 다함또한 없느니라.

8. 고집멸도 역시또한 없느니라.
9. 지혜없고 공덕얻음 없느니라. 왜냐하면 얻을바가 원래없기 때문이네.
10. 보살들은 "지혜완성" 의지하여 마음에는 걸림없고, 두려움이 없어지고, 뒤바뀌인 망상들을 여의어서, 마침내는 열반세계 이르게 되느니라. 과거현재 미래생의 모든부처 "지혜완성" 의지하여 깨달음을 성취했네.
11. "지혜완성" 이르러는 이주문은 신비로운 주문이며, 가장밝은 주문이며, 가장높은 주문이며, 깨달음의 주문이며, 능히모든 괴로움을 없애주고 진실하여 허망하지 않느니라.
12. "지혜완성" 이르러는 이주문을 설하노니
"가테 가테 파라가테 파라상가테 보디 사바하"
"가테 가테 파라가테 파라상가테 보디 사바하"
"가자 함께 진리의 세계로 가자. 그 곳에는 자비광명 뿐이네."

우리말 반야심경

1. 지혜완성 성취하는 핵심말씀
2. 관자재가 지혜의빛 완성으로 깨달음을 성취하여 선정삼매 들었을 때 존재들의 진실상인 오온공함 비춰보고 괴로움을 벗어났네.
3. 사리자여, 이육신의 본성들은 공하여서 육신과공 하나이며 공과육신 다르지가 않느니라. 수상행식 작용 또한 그러하네.
4. 사리자여, 모든법의 공한모양 생겨남도 없어짐도 더러움도 깨끗함도 늘어남도 줄어듬도 없느니라.
5. 그러므로 공함에는 육신없고 수상행식 작용 또한 없느니라.
6. 눈귀코혀 몸과뜻의 육근없고 형상소리 냄새와맛 감촉과법 육경없고 인식하는 육식 또한 없느니라.
7. 무명없고 무명다함 없느니라. 늙고죽음 없으면서 늙고죽음 다함또한 없느니라.

8. 고집멸도 역시또한 없느니라.
9. 지혜없고 공덕얻음 없느니라. 왜냐하면 얻을바가 원래없기 때문이네.
10. 보살들은 "지혜완성" 의지하여 마음에는 걸림없고, 두려움이 없어지고, 뒤바뀌인 망상들을 여의어서, 마침내는 열반세계 이르르게 되느니라. 과거현재 미래생의 모든부처 "지혜완성" 의지하여 깨달음을 성취했네.
11. "지혜완성" 이르러는 이주문은 신비로운 주문이며, 가장밝은 주문이며, 가장높은 주문이며, 깨달음의 주문이며, 능히모든 괴로움을 없애주고 진실하여 허망하지 않느니라.
12. "지혜완성" 이르러는 이주문을 설하노니
"가테 가테 파라가테 파라상가테 보디 사바하"
"가테 가테 파라가테 파라상가테 보디 사바하"
"가자 함께 진리의 세계로 가자. 그 곳에는 자비광명 뿐이네."

우리말 반야심경

1. 지혜완성 성취하는 핵심말씀
2. 관자재가 지혜의빛 완성으로 깨달음을 성취하여 선정삼매 들었을 때 존재들의 진실상인 오온공함 비춰보고 괴로움을 벗어났네.
3. 사리자여, 이육신의 본성들은 공하여서 육신과공 하나이며 공과육신 다르지가 않느니라. 수상행식 작용 또한 그러하네.
4. 사리자여, 모든법의 공한모양 생겨남도 없어짐도 더러움도 깨끗함도 늘어남도 줄어듬도 없느니라.
5. 그러므로 공함에는 육신없고 수상행식 작용 또한 없느니라.
6. 눈귀코혀 몸과뜻의 육근없고 형상소리 냄새와맛 감촉과법 육경없고 인식하는 육식 또한 없느니라.
7. 무명없고 무명다함 없느니라. 늙고죽음 없으면서 늙고죽음 다함또한 없느니라.

8. 고집멸도 역시또한 없느니라.
9. 지혜없고 공덕얻음 없느니라. 왜냐하면 얻을바가 원래없기 때문이네.
10. 보살들은 "지혜완성" 의지하여 마음에는 걸림없고, 두려움이 없어지고, 뒤바뀌인 망상들을 여의어서, 마침내는 열반세계 이르르게 되느니라. 과거현재 미래생의 모든부처 "지혜완성" 의지하여 깨달음을 성취했네.
11. "지혜완성" 이르러는 이주문은 신비로운 주문이며, 가장밝은 주문이며, 가장높은 주문이며, 깨달음의 주문이며, 능히모든 괴로움을 없애주고 진실하여 허망하지 않느니라.
12. "지혜완성" 이르러는 이주문을 설하노니
"가테 가테 파라가테 파라상가테 보디 사바하"
"가테 가테 파라가테 파라상가테 보디 사바하"
"가자 함께 진리의 세계로 가자. 그 곳에는 자비광명 뿐이네."

우리말 반야심경

1. 지혜완성 성취하는 핵심말씀
2. 관자재가 지혜의빛 완성으로 깨달음을 성취하여 선정삼매 들었을 때 존재들의 진실상인 오온공함 비춰보고 괴로움을 벗어났네.
3. 사리자여, 이육신의 본성들은 공하여서 육신과공 하나이며 공과육신 다르지가 않느니라. 수상행식 작용 또한 그러하네.
4. 사리자여, 모든법의 공한모양 생겨남도 없어짐도 더러움도 깨끗함도 늘어남도 줄어듬도 없느니라.
5. 그러므로 공함에는 육신없고 수상행식 작용 또한 없느니라.
6. 눈귀코혀 몸과뜻의 육근없고 형상소리 냄새와맛 감촉과법 육경없고 인식하는 육식 또한 없느니라.
7. 무명없고 무명다함 없느니라. 늙고죽음 없으면서 늙고죽음 다함또한 없느니라.

8. 고집멸도 역시또한 없느니라.
9. 지혜없고 공덕얻음 없느니라. 왜냐하면 얻을바가 원래없기 때문이네.
10. 보살들은 "지혜완성" 의지하여 마음에는 걸림없고, 두려움이 없어지고, 뒤바뀌인 망상들을 여의어서, 마침내는 열반세계 이르게 되느니라. 과거현재 미래생의 모든부처 "지혜완성" 의지하여 깨달음을 성취했네.
11. "지혜완성" 이르러는 이주문은 신비로운 주문이며, 가장밝은 주문이며, 가장높은 주문이며, 깨달음의 주문이며, 능히모든 괴로움을 없애주고 진실하여 허망하지 않느니라.
12. "지혜완성" 이르러는 이주문을 설하노니
"가테 가테 파라가테 파라상가테 보디 사바하"
"가테 가테 파라가테 파라상가테 보디 사바하"
"가자 함께 진리의 세계로 가자. 그 곳에는 자비광명 뿐이네."

우리말 반야심경

1. 지혜완성 성취하는 핵심말씀
2. 관자재가 지혜의빛 완성으로 깨달음을 성취하여 선정삼매 들었을 때 존재들의 진실상인 오온공함 비춰보고 괴로움을 벗어났네.
3. 사리자여, 이육신의 본성들은 공하여서 육신과공 하나이며 공과육신 다르지가 않느니라. 수상행식 작용 또한 그러하네.
4. 사리자여, 모든법의 공한모양 생겨남도 없어짐도 더러움도 깨끗함도 늘어남도 줄어듬도 없느니라.
5. 그러므로 공함에는 육신없고 수상행식 작용 또한 없느니라.
6. 눈귀코혀 몸과뜻의 육근없고 형상소리 냄새와맛 감촉과법 육경없고 인식하는 육식 또한 없느니라.
7. 무명없고 무명다함 없느니라. 늙고죽음 없으면서 늙고죽음 다함또한 없느니라.

8. 고집멸도 역시또한 없느니라.
9. 지혜없고 공덕얻음 없느니라. 왜냐하면 얻을바가 원래없기 때문이네.
10. 보살들은 "지혜완성" 의지하여 마음에는 걸림없고, 두려움이 없어지고, 뒤바뀌인 망상들을 여의어서, 마침내는 열반세계 이르르게 되느니라. 과거현재 미래생의 모든부처 "지혜완성" 의지하여 깨달음을 성취했네.
11. "지혜완성" 이르러는 이주문은 신비로운 주문이며, 가장밝은 주문이며, 가장높은 주문이며, 깨달음의 주문이며, 능히모든 괴로움을 없애주고 진실하여 허망하지 않느니라.
12. "지혜완성" 이르러는 이주문을 설하노니
"가테 가테 파라가테 파라상가테 보디 사바하"
"가테 가테 파라가테 파라상가테 보디 사바하"
"가자 함께 진리의 세계로 가자. 그 곳에는 자비광명 뿐이네."

우리말 반야심경

1. 지혜완성 성취하는 핵심말씀
2. 관자재가 지혜의빛 완성으로 깨달음을 성취하여 선정삼매 들었을 때 존재들의 진실상인 오온공함 비춰보고 괴로움을 벗어났네.
3. 사리자여, 이육신의 본성들은 공하여서 육신과공 하나이며 공과육신 다르지가 않느니라. 수상행식 작용 또한 그러하네.
4. 사리자여, 모든법의 공한모양 생겨남도 없어짐도 더러움도 깨끗함도 늘어남도 줄어듬도 없느니라.
5. 그러므로 공함에는 육신없고 수상행식 작용 또한 없느니라.
6. 눈귀코혀 몸과뜻의 육근없고 형상소리 냄새와맛 감촉과법 육경없고 인식하는 육식 또한 없느니라.
7. 무명없고 무명다함 없느니라. 늙고죽음 없으면서 늙고죽음 다함또한 없느니라.

8. 고집멸도 역시또한 없느니라.
9. 지혜없고 공덕얻음 없느니라. 왜냐하면 얻을바가 원래없기 때문이네.
10. 보살들은 "지혜완성" 의지하여 마음에는 걸림없고, 두려움이 없어지고, 뒤바뀌인 망상들을 여의어서, 마침내는 열반세계 이르르게 되느니라. 과거현재 미래생의 모든부처 "지혜완성" 의지하여 깨달음을 성취했네.
11. "지혜완성" 이르러는 이주문은 신비로운 주문이며, 가장밝은 주문이며, 가장높은 주문이며, 깨달음의 주문이며, 능히모든 괴로움을 없애주고 진실하여 허망하지 않느니라.
12. "지혜완성" 이르러는 이주문을 설하노니
"가테 가테 파라가테 파라상가테 보디 사바하"
"가테 가테 파라가테 파라상가테 보디 사바하"
"가자 함께 진리의 세계로 가자. 그 곳에는 자비광명 뿐이네."

우리말 반야심경

1. 지혜완성 성취하는 핵심말씀
2. 관자재가 지혜의빛 완성으로 깨달음을 성취하여 선정삼매 들었을 때 존재들의 진실상인 오온공함 비춰보고 괴로움을 벗어났네.
3. 사리자여, 이육신의 본성들은 공하여서 육신과공 하나이며 공과육신 다르지가 않느니라. 수상행식 작용 또한 그러하네.
4. 사리자여, 모든법의 공한모양 생겨남도 없어짐도 더러움도 깨끗함도 늘어남도 줄어듬도 없느니라.
5. 그러므로 공함에는 육신없고 수상행식 작용 또한 없느니라.
6. 눈귀코혀 몸과뜻의 육근없고 형상소리 냄새와맛 감촉과법 육경없고 인식하는 육식 또한 없느니라.
7. 무명없고 무명다함 없느니라. 늙고죽음 없으면서 늙고죽음 다함또한 없느니라.

8. 고집멸도 역시또한 없느니라.
9. 지혜없고 공덕얻음 없느니라. 왜냐하면 얻을바가 원래없기 때문이네.
10. 보살들은 "지혜완성" 의지하여 마음에는 걸림없고, 두려움이 없어지고, 뒤바뀌인 망상들을 여의어서, 마침내는 열반세계 이르르게 되느니라. 과거현재 미래생의 모든부처 "지혜완성" 의지하여 깨달음을 성취했네.
11. "지혜완성" 이르러는 이주문은 신비로운 주문이며, 가장밝은 주문이며, 가장높은 주문이며, 깨달음의 주문이며, 능히모든 괴로움을 없애주고 진실하여 허망하지 않느니라.
12. "지혜완성" 이르러는 이주문을 설하노니
"가테 가테 파라가테 파라상가테 보디 사바하"
"가테 가테 파라가테 파라상가테 보디 사바하"
"가자 함께 진리의 세계로 가자. 그 곳에는 자비광명 뿐이네."

# 사경회향문

제가 지금 베낀 이 경전은 미래세가 다할 때까지
설령 대천세계를 파괴하는 삼재를 만날지라도
허공과 같아 파괴되지 않을지어다.
만일 이 경전을 만나는 이는
부처님을 뵙고 사리를 공경하듯 경전을 펴고
보리심을 내어 물러나지 아니하고
보현행을 닦아 속히 불도를 이루어지이다.


주소 :


발원 :



불기    년    월    일

기도불자                합장

## 우리말 반야심경 사경집

**지은이**  김성규
**펴낸이**  사단법인 통섭불교원

**초판 1쇄 인쇄**  2025년 7월 18일
**초판 1쇄 발행**  2025년 7월 24일

등록번호  제344-2022-000012호
등록일자  2022년 9월 19일

주  소  대구시 남구 장전1길 56 화신그린빌 101호
　　　　Tel (053) 474-1208, Fax (053) 794-0087
　　　　E-mail : tongsub2013@daum.net
　　　　홈페이지 : www.itongsub.com

ISBN  979-11-980269-4-1
값 6,000원

* 저자와의 협약에 의해 인지를 생략합니다.
* 잘못된 책은 바꿔 드립니다.